DE L'ORGANISATION

DES

GARDES-CHAMPÊTRES

PAR

LE BARON DE VINCENT

Conseiller d'État

PARIS,

IMPRIMÉ PAR HENRI ET CHARLES NOBLET,

56, RUE SAINT-DOMINIQUE.

1858

DE L'ORGANISATION

DES

GARDES-CHAMPÊTRES

PAR

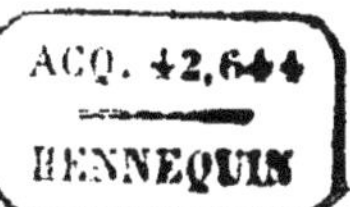

LE BARON DE VINCENT

Conseiller d'État

PARIS,

IMPRIMÉ PAR HENRI ET CHARLES NOBLET,

56, RUE SAINT-DOMINIQUE.

1858

DE L'ORGANISATION

DES

GARDES-CHAMPÊTRES.

M. de Saint-Priest, député du Lot en 1843, crut devoir soumettre à la Chambre une proposition sur les gardes-champêtres ; elle était ainsi conçue :

« Les gardes-champêtres seront embrigadés « sous la direction d'un chef qui résidera au « chef-lieu du canton. Ils n'en resteront pas « moins soumis, pour leur service communal, « à la surveillance de l'autorité municipale, « conformément à la loi du 6 octobre 1791. »

Cette proposition, prise en considération par la Chambre, le 23 mai, fut l'objet d'un rapport présenté par M. Maurat-Ballange, dans la séance du 21 juin, et dans laquelle la majorité de la Commission conclut, attendu l'époque avancée de la session, à appeler l'attention du Gouvernement sur cette matière, en l'engageant à demander l'avis des Conseils généraux, et à réunir tous les renseignements propres à éclairer la religion de la Chambre.

A la fin de la session, et lors de la convocation des Conseils de départements et d'arrondissements, Son Excellence le Ministre de l'intérieur adressa à MM. les Préfets une circulaire, en date du 19 juillet 1844. En l'examinant, nous développerons toutes nos idées sur l'institution de gardes-champêtres, et nous indiquerons les améliorations dont nous la croyons susceptible.

Les gardes-champêtres qui, avant la révolution de 89, s'appelaient gardes-messiers, bangards et quelquefois gardes-champêtres, ont été organisés tels que nous les voyons aujourd'hui, par la loi sur la police rurale du 6 octobre 1791.

Bonne dans son principe, bonne par les applications que la loi en faisait, l'institution a été entièrement faussée dans la pratique : les innombrables abus auxquels elle donne lieu journellement font penser à tous les esprits sages et sérieux qu'il est indispensable de la modifier.

Nous parcourrons d'abord les différentes lois et ordonnances qui ont été rendues sur les gardes-champêtres, et, en cherchant ensuite à démontrer qu'ils ne font et ne peuvent rien faire de ce que la loi leur prescrit, nous présenterons le mode d'organisation qui nous paraît le plus convenable pour atteindre le but.

La loi du 6 octobre 1791 a donc, ainsi que nous le disions plus haut, consacré la dénomination de gardes-champêtres pour les individus chargés dans les communes de la surveillance des propriétés publiques et privées.

Les articles 1 et 2, section 7, titre 1er de la même loi, portent que plusieurs communes peuvent choisir et payer le même garde-champêtre.

L'article 1er de la loi du 20 messidor an III, 8 juillet 1795, prescrit un garde par commune et laisse la municipalité libre d'en avoir un plus grand nombre, si elle le juge nécessaire.

L'article 2 de la même loi dit :

Les gardes-champêtres ne peuvent être choisis que parmi les citoyens dont le zèle et le patriotisme sont généralement reconnus.

Un arrêté du 25 fructidor an IX, 12 septembre 1801, veut, article 1er, que :

Les gardes-champêtres soient pris parmi *les vétérans, les volontaires et autres anciens militaires*.

Les autres articles, jusqu'au 6e inclusivement, sont relatifs aux choix à faire, au mode de présentation.

L'article 4 du décret du 8 mars 1811 affecte les places de gardes-champêtres aux *anciens sous-officiers et soldats* sachant lire et écrire, jouissant de la solde de retraite, ou qui ont été réformés par suite d'accidents, d'infirmités ou blessures provenant d'un service de guerre.

L'article 8 du même décret ajoute la condition qu'ils seront en état de mener une vie active. Enfin, l'article 1er de l'ordonnance royale du 29 novembre 1820, dont l'article 13 de la loi du 26 juillet 1837 n'est que la répétition, décide :

Que le choix des gardes-champêtres sera fait par les maires et approuvé par les conseils municipaux.

Le sous-préfet leur délivrera une commission.

L'art. 2 de la même ordonnance ajoute : « Le changement ou la destitution des gardes-champêtres ne pourront être prononcés que par le sous-préfet, sur l'avis du maire et du conseil municipal.

« Le sous-préfet soumettra son arrêté à l'approbation de M. le préfet du département. »

Telles sont les différentes lois et ordonnances sous l'empire desquelles se trouvent encore les gardes-champêtres; elles prouvent, par leur multiplicité, les détails dans lesquels elles entrent, l'importance attachée par le législateur à ces modestes et pénibles fonctions, ainsi que la nécessité de leur donner une force morale convenable.

Il nous paraît incontestable que l'on s'est

entièrement écarté du but que l'on s'était proposé, et que les gardes-champêtres, tels qu'on les tolère aujourd'hui, ne sont et ne font rien de ce que veut la loi, ne rendent et ne peuvent rendre aucun bon service.

La non-exécution de l'arrêté du 15 fructidor an IX, 12 septembre 1801, et de l'art. 4 du décret du 8 mars 1811, sont les premières causes du mal ; en effet, il nous semble hors de doute que, si l'on prenait les gardes-champêtres parmi les anciens sous-officiers et soldats, on aurait plus de chances pour trouver des hommes lettrés, probes, actifs, disposés à bien remplir leurs devoirs.

Loin de là, que fait-on aujourd'hui ? On prend pour garde-champêtre le premier venu, celui que les commérages recommandent le plus auprès des conseillers municipaux, qui, pour la plupart, propriétaires importants de la commune, choisissent, contrairement à leurs vrais intérêts, le garde-champêtre qui réprime le moins de délits, parce que souvent ils sont eux-mêmes les premiers contrevenants.

Le choix, la nomination d'anciens sous-officiers ou soldats pris sur une liste présentée par M. le Ministre de la guerre, offriraient donc bien plus de garanties.

L'art. 7 de la loi du 6 octobre 1791 dit :

« Les gardes-champêtres sont responsables,

« dans le cas où ils négligeront de faire dans « les vingt-quatre heures les rapports des dé- « lits. »

Dans l'état actuel des choses, si cette prescription de la loi était tant soit peu exécutée, on ne trouverait pas, nous en avons la conviction, un seul individu qui voulût être garde-champêtre avec une pareille responsabilité.

En effet, il est démontré qu'un garde-champêtre ne peut pas tout voir, quel que soit son zèle; que beaucoup de délits se commettent journellement qui peuvent lui échapper ; il faut donc de sa part une surveillance active, continuelle, de tous les instants; et, pour qu'elle soit réelle et efficace, il doit renoncer à toute occupation, à tout travail, et passer son temps à parcourir dans tous les sens le territoire dont la garde lui est confiée. Mais pour se conduire ainsi, il lui faut un salaire tel qu'il puisse, sinon suffire, du moins aider beaucoup à satisfaire ses besoins et ceux de sa famille ; car autrement, s'il est obligé de travailler pour se soutenir ainsi que les siens, il ne sera garde-champêtre que de nom.

Examinons sa position telle que l'a faite la législation en vigueur.

D'après la loi du 20 messidor an III (8 juillet 1795), l'art. 3 de l'arrêté du 25 fructidor an IX (12 septembre 1801), l'ordonnance royale du 29 novembre 1820, art. 1er, et enfin l'article 13 déjà cité de la loi du 18 juillet 1837, le maire choisit le garde-champêtre, qui est ensuite accepté par le conseil municipal.

L'art. 12 de la même loi porte que ce sont les mêmes autorités qui fixent son salaire.

Nous n'hésitons pas à penser que ces deux attributions sont l'un des plus grands vices de la loi.

Nous répéterons que les choix des gardes-champêtres se font presque toujours en vue de considérations étrangères aux vrais intérêts de la localité, et sans s'occuper, ou du moins bien rarement, des prescriptions des art. 1 et 2 de l'arrêté du 25 fructidor an IX (12 septembre 1801).

Beaucoup d'entre eux savent à peine lire, et la plupart ignorent complètement les devoirs que la loi leur impose.

La modicité du salaire qui leur est alloué achève de paralyser le peu de zèle, de bonne volonté qu'ils pourraient avoir ; les calculs suivants le prouvent sans réplique.

L'arrondissement de Toul, département de la Meurthe, se compose de 119 communes; elles avaient entre elles toutes, en 1848, 227 gardes-champêtres, auxquels elles allouaient annuellement une somme générale de 11,332 f., qui, répartie entre tous, leur donnait à chacun, terme moyen, 49 fr. 92 c. d'appointements par an, ce qui fait 13 c. et demi par jour !

Or, est-il possible, nous le demandons, qu'avec une aussi chétive rétribution, des hommes puissent remplir d'une manière convenable les difficiles fonctions de gardes-champêtres ?

Comment croire, quelque moralité qu'on leur accorde, qu'il ne s'en trouvera pas un certain nombre qui composeront avec leur conscience et recevront un salaire quelconque pour taire un délit, annuler un procès-verbal ?

Si le garde est pauvre, et surtout sans principes, le besoin d'ajouter au bien-être de sa famille, au sien, lui fera faire une échelle de proportion entre ses devoirs et son gain, et le résultat ne sera pas douteux.

Si, au contraire, il est honnête homme et aisé, il ne volera pas, mais il ne fera pas mieux son devoir, parce qu'il ne le peut pas, que ses plus chers intérêts de fortune s'y opposent : il ne tardera pas alors à donner sa démission, la commune l'acceptera, changera de garde, jusqu'à ce qu'il s'en trouve un assez fripon pour se contenter de la faible rétribution qu'elle lui accorde.

La commune de Menilot, dans ce même arrondissement de Toul, avait deux gardes champêtres qui recevaient chacun 5 francs par an !...

N'est-ce pas une absurdité? Est-il possible d'admettre que ces deux gardes puissent réellement faire un bon service pour une aussi chétive rétribution? Admettra-t-on qu'ils passeront tout leur temps à parcourir le territoire confié à leurs soins, et qu'ils consentiront à négliger leur petite fortune pour la somme annuelle de 5 francs? Et est-il déraisonnable de penser que s'ils sont, comme on dit, honnêtes gens, ils ne font pas cependant ce qu'ils doivent, ou trouvent un avantage réel à exercer un emploi si mal rétribué?

Il est donc incontestable que l'organisation actuelle est vicieuse, qu'il en résulte une foule d'abus plus criants les uns que les autres, préjudiciables à tous les intérêts de la propriété, de l'agriculture, et qu'il est urgent de détruire.

Les art. 1 et 2 du titre Ier de la loi du 6 octobre 1791 donnent aux communes le droit de choisir et de payer un même garde-champêtre. C'est, selon nous, une mesure dont l'application peut avoir de nombreux inconvénients, en créant des discussions de commune à commune, sans aucun avantage positif pour elles. Nous pensons qu'on doit leur retirer ce droit.

Nous indiquerons plusieurs mesures qui nous paraissent nécessaires pour rendre à l'institution des gardes-champêtres la considération, la force dont elle a besoin.

Il faut, d'abord, en revenir à l'exécution des art. 4 et 8 du décret du 1er mars 1821, par conséquent n'employer que d'anciens sous-officiers ou soldats, désignés par le Ministre de la guerre comme ayant accompli leur temps de service militaire. En outre de ce qu'ils feraient de meilleurs gardes-champêtres, ce serait rentrer entièrement dans l'esprit de la loi, en récompensant de bons et honorables services, et en faisant ainsi aimer le Gouvernement.

Fixer un minimum de traitement qui ne pourrait jamais être moindre de 400 francs par an. Cette somme nous paraît indispensable et suffisante pour assurer l'existence, nous dirons même l'indépendance d'un garde-champêtre qui ne doit faire autre chose que surveiller le territoire confié à sa garde.

On dira, sans doute, que c'est encore de l'argent que nous demandons, un surcroît de charges que nous imposons ; nous répondrons, d'abord, qui veut la fin veut les moyens.

Mais nous n'allons pas jusque-là, et voici ce que nous croyons praticable. On établirait :

36,000	gardes-champêtres payés à 400 fr. l'un, ci...............	14,400,000f
2,500	brigadiers à 500 fr......	250,000
2,850	gardes cantonaux à 700 fr.	750,000
363	gardes d'arrondissement à 900 fr................	181,500
	Total.......	15,581,500f

Pour faire face à cette dépense, nous proposons de prendre :

1° La somme affectée, en ce moment, au traitement des gardes-champêtres dans toute la France, ci.................. 6,300,000 f

2° Le produit des permis de chasse......................... 2,000,000

3° Le produit des amendes de chasse......................... 3,000,000

4° Le produit de la taxe des chiens......................... 4,000,000

5° Les amendes de police..... 500,000

Total....... 15,800,000f

Quelle objection sérieuse peut-on faire à cette proposition ?

Dira-t-on que les sommes que nous indiquons ont déjà une destination ? Il y a si peu de temps qu'elles sont, pour la plupart, inscrites au budget des communes, que nous n'apercevons aucun inconvénient à ce qu'on les affecte à un service spécial et qui intéresse, à un si haut degré, la prospérité des communes, et même celle de la France entière.

Nous allons plus loin, et nous pensons que le Gouvernement lui-même devrait intervenir dans une pareille dépense, en y apportant tout ou partie des 3,000,000 que les permis de chasse lui donnent. Puis, enfin, si on ne voulait pas employer toutes les ressources que nous venons d'indiquer, nous proposerions, mais comme moyen extrême justifié par l'importance des besoins, des centimes additionnels extraordinaires sur tous les propriétaires ou exploitants.

Sans nous dissimuler la gravité de cette dernière mesure, ne serait-elle pas de toute justice ? Et est-il un seul des individus qu'elle atteindrait qui puisse avoir le droit de s'en plaindre ? Ne seraient-ils pas amplement dédommagés par la surveillance réelle, active, qui s'exercerait sur toutes leurs propriétés ?

Le garde-champêtre étant mieux rétribué, on devra croire qu'il sera plus intègre, par cela même qu'il pourra mieux subvenir à ses besoins. Les 400 fr. que nous proposons de lui donner se cumuleraient, bien entendu, avec sa pension de retraite.

On embrigaderait les gardes-champêtres, avec un garde cantonal par chaque canton, un garde d'arrondissement, et on leur donnerait un uniforme.

En embrigadant les gardes-champêtres, en leur donnant une organisation à peu près semblable à celle des gardes-forestiers, un uniforme comme à ces derniers, ils auraient plus d'action, plus de force sur les populations; ils seraient respectés; ils pourraient encore, dans de certaines circonstances, former un corps qui rendrait d'utiles services à la défense du pays.

Dix gardes-champêtres, quinze au plus, formeraient une brigade.

Le brigadier serait chargé de les surveiller, de les commander au besoin, de rendre compte de la manière dont ils feraient leur service.

Il serait lui-même sous les ordres d'un garde-champêtre cantonal qui résiderait au chef-lieu de canton ; ce dernier, indépendamment de l'autorité qu'il exercerait sur tous les gardes et brigadiers de son canton, recevrait d'eux tous les procès-verbaux, toutes les plaintes qu'ils dresseraient, et suivrait l'instruction des affaires près des juges-de-paix, et au besoin près de toute autre autorité.

Le garde-champêtre cantonal aurait aussi un chef supérieur, au chef-lieu d'arrondissement.

Les gardes de canton et d'arrondissement devraient être choisis parmi les sous-officiers possédant une certaine instruction.

On donnerait un uniforme commun à tous les gardes-champêtres de France; ils acquerraient par là un caractère plus officiel que celui qu'ils ont aujourd'hui, et ils seraient bien mieux respectés.

Tous seraient porteurs d'un sabre, avec une bandoulière ayant une plaque sur le milieu de la poitrine.

Les gardes d'arrondissement seuls auraient le chapeau et l'épée.

Au besoin, les gardes-champêtres pourraient être armés d'un fusil de guerre.

Quant aux rapports des fonctions des gardes-champêtres avec celles de la gendarmerie, nous avons pensé que la création nouvelle de brigadiers, de gardes cantonaux et d'arrondissement devait y apporter quelques modifications. Ainsi, nous proposons de supprimer entièrement l'article 310 de l'ordonnance royale du 25 octobre 1820 sur le service de la gendarmerie, portant que : « Les gardes-champêtres sont placés sous la surveillance des commandants de brigade de gendarmerie, etc. »

Nous pensons que cette surveillance deviendrait complètement inutile, du moment qu'il existerait des brigadiers, des gardes cantonaux, d'arrondissement, et qu'elle ne ferait qu'entraver le service.

A l'article 312 de la même ordonnance, qui est notre article 2, nous avons imposé aux officiers et sous-officiers de gendarmerie l'obligation, lorsqu'ils jugeront convenable de requérir les gardes-champêtres des cantons ou de l'arrondissement, d'en donner avis non-seulement aux maires et aux sous-préfets, mais encore aux gardes cantonaux et d'arrondissement. Ces derniers étant les chefs immédiats des gardes, il nous a paru indispensable qu'ils fussent prévenus du service extraordinaire que l'on pourrait exiger d'eux.

L'article 7 du décret du 11 juin 1806 dit : « Les sous-préfets, après avoir pris l'avis des « maires et des officiers de gendarmerie, dési- « gnent aux préfets, et ceux-ci à l'administra- « tion forestière, ceux des gardes-champêtres « qui, par leurs services, méritent d'être ap- « pelés aux fonctions de gardes-forestiers. »

Nous avons cru devoir supprimer ces mots : *des officiers de gendarmerie*, que nous avons remplacés par ceux de gardes cantonaux et d'arrondissement, ce qui nous paraît plus rationnel.

Nous n'avons rien changé à la *justiciabilité* des gardes-champêtres, qui resterait telle que l'ont faite les lois et ordonnances en vigueur sur la matière.

Quant aux gardes-messiers, notre expérience personnelle, comme maire pendant huit ans d'une commune rurale populeuse de Seine-et-Oise, dans laquelle nous les avions établis, nous a prouvé qu'ils étaient complètement inutiles, par la crainte qu'ils avaient de se faire gratuitement des ennemis. Nous n'avions, d'ailleurs, qu'un seul garde-champêtre, ancien militaire, auquel nous donnions 400 fr. par an, et qui gardait parfaitement bien, seul, un territoire de mille hectares.

Voici donc comme nous formulerions les différents articles de notre nouveau projet.

CHAPITRE Ier.

INSTITUTION.

Art. 1er.

Les gardes-champêtres sont des officiers de police judiciaire préposés pour surveiller les récoltes, les fruits de la terre, les propriétés rurales de toute espèce, et dresser les procès-verbaux de tous les délits qui y portent quelque atteinte.

Ils dressent aussi, comme officiers de police judiciaire, des procès-verbaux contre tous les délits, crimes commis sur toute l'étendue du territoire de la commune.

Art. 2.

Il doit y avoir au moins un garde-champêtre par commune.

Art. 3.

Les gardes-champêtres sont formés en brigade; chaque brigade en comprend au plus quinze, et pas moins de dix.

Art. 4.

Ils sont commandés par un brigadier qui résidera dans l'une des communes, et sera sous les ordres d'un garde cantonal.

Art. 5.

Chaque canton aura un garde cantonal qui aura sa résidence au chef-lieu du canton.

Art. 6.

Un garde d'arrondissement, qui sera établi au chef-lieu de la sous-préfecture, aura sous ses ordres tous les gardes cantonaux, brigadiers et gardes-champêtres de l'arrondissement.

CHAPITRE II.

NOMINATION ET RÉVOCATION DES GARDES-CHAMPÊTRES.

Art. 1er.

Le garde d'arrondissement est nommé par le préfet du département.

Art. 2.

Il en est de même du garde cantonal.

Art. 3.

Le brigadier est aussi nommé par le préfet, mais sur une liste de trois candidats présentés par le sous-préfet, choisis parmi les gardes de la brigade, et, à défaut de ceux-ci, parmi ceux du canton et même de l'arrondissement.

Art. 4.

Les brigadiers, gardes-champêtres des communes, ne peuvent être pris que parmi les anciens sous-officiers et soldats du département sachant lire et écrire, ayant accompli leur temps de service, jouissant de la solde de retraite, ou réformés pour cause d'accidents ou de blessures provenant d'un service de guerre.

Art. 5.

Ils doivent cependant être en état de mener une vie active, et n'être privés d'aucun membre. (Art. 1er de l'arrêté du 25 fructidor an IX, 12 septembre 1801 ; art. 4 et 8 du décret du 8 mars 1811.)

Art. 6.

Le Ministre de la guerre enverra tous les ans, à chaque préfet, l'état nominatif des militaires de son département libérés du service, et qui sont encore en état de remplir les fonctions de garde-champêtre. (Art. 2, arrêté du 25 fructidor an IX, 12 septembre 1801.)

Art. 7.

Les préfets font parvenir aussi tous les ans, aux sous-préfets, la liste des militaires libérés qui se rendront dans les communes de leur arrondissement respectif.

Art. 8.

Lorsqu'il y a lieu de nommer un garde-champêtre, le sous-préfet choisit parmi les individus compris dans l'état des anciens militaires de l'arrondissement.

Art. 9.

Le sous-préfet donne une commission de garde-champêtre à l'individu désigné, lequel se rend devant le maire de la commune qui vise sa commission et le fait reconnaître comme garde-champêtre. (Art. 5, ibid.)

Art. 10.

Le changement ou la destitution des gardes-champêtres ne pourra être prononcé que par le sous-préfet, le maire et le conseil municipal du lieu entendus. Le sous-préfet soumettra son arrêté à l'approbation du préfet.

CHAPITRE III.

TRAITEMENT DES GARDES-CHAMPÊTRES.

Art. 1er.

Les gardes-champêtres sont payés par les communes.

Art. 2.

Le minimum des traitements est fixé à 400 fr.;

Cinq cents francs pour les brigadiers ;

Sept cents francs pour les gardes cantonaux

Neuf cents francs pour les gardes d'arrondissement.

Art. 3.

Les traitements des brigadiers et gardes-champêtres se paieront sur mandats mensuels délivrés par le payeur du département, et sur la quittance de la partie prenante.

Art. 4.

Les gardes cantonaux et d'arrondissement sont payés de la même manière.

CHAPITRE IV.

RÉCEPTION, PRESTATION DE SERMENT DES GARDES-CHAMPÊTRES.

Art. 1er.

Les gardes-champêtres sont reçus par le juge-de-paix du canton auquel ils appartiennent. Il leur fait prêter serment de veiller à la conservation de toutes les propriétés qui sont sous la foi publique et de toutes celles dont la garde leur est confiée par l'acte de leur nomination. (Art. 5, section 7 de la loi du 28 septembre, 6 octobre 1791, sur la police rurale, et la loi du 16 termidor an IV, 3 août 1790.)

Art. 2.

Tout propriétaire a le droit d'avoir pour la conservation de sa propriété un garde-champêtre; il est tenu de le faire agréer et confirmer par le sous-préfet.

Il doit également être reçu et assermenté par le juge-de-paix.

Art. 3.

Les fermiers ont, comme les propriétaires, le droit de nommer, pour leurs récoltes, un garde particulier.

Ce droit ne peut néanmoins exempter les propriétaires de contribuer, au besoin, au traitement du garde-champêtre communal. (Art. 4 de la loi du 20 messidor an III, 8 juillet 1795.)

Art. 4.

Tout propriétaire peut prendre un garde particulier ailleurs que parmi les anciens militaires, si cela lui convient mieux.

CHAPITRE V.

ARMES ET MARQUES DISTINCTIVES DES GARDES-CHAMPÊTRES.

Art. 1er.

Les gardes-champêtres portent un fusil de guerre, lorsque le préfet le juge nécessaire; ce fusil leur est délivré par l'État. (Art. 2, ordonnance réglementaire, 24 juillet 1816.)

Art. 2.

A défaut d'armes de guerre, ils sont armés d'un sabre qu'ils portent en bandoulière, avec une plaque de métal sur laquelle sont écrits ces mots : La Loi, le nom de la commune, et celui du garde.

Art. 3.

Les gardes-champêtres portent un uniforme dont le modèle est arrêté par le Ministre de l'intérieur.

CHAPITRE VI.

INDEMNITÉ QUI LEUR EST ACCORDÉE POUR FRAIS DE VOYAGE ET DE SÉJOUR AUXQUELS L'INSTRUCTION DES PROCÉDURES CRIMINELLES PEUT DONNER LIEU.

Art. 1er.

Il est accordé des indemnités aux gardes-champêtres lorsque, à raison des fonctions qu'ils doivent remplir, ils sont obligés de se transporter à plus de 2 kilomètres de leur résidence, soit dans le canton, soit au-delà. (Art. 90, décret du 18 juin 1811.)

Art. 2.

Cette indemnité est fixée, pour chaque myriamètre parcouru en allant et en revenant, à 1 fr. 50 c. (Art. 91, ibid.)

Art. 3.

Elle est portée à 2 francs pendant les mois de novembre, décembre, janvier et février.

Art. 4.

Lorsque les gardes-champêtres sont arrêtés, dans le cours du voyage, par force majeure, ils reçoivent une indemnité de 1 fr. 50 c. par chaque jour de retard forcé.

Ils sont tenus de faire constater par le juge-de-paix ou ses suppléants, ou par le maire, ou à son défaut par ses adjoints, la cause du séjour forcé en route, et d'en présenter le certificat à l'appui de leur demande de taxe. (Art. 95, ibid.)

CHAPITRE VII.

FONCTIONS, ATTRIBUTIONS ET DEVOIRS DES GARDES-CHAMPÊTRES.

Art. 1er.

Les gardes-champêtres sont chargés de rechercher, chacun dans le territoire pour lequel ils sont assermentés, les délits et contraventions de police qui auront pu porter atteinte aux propriétés rurales et forestières.

Art. 2.

Ils doivent dresser des procès-verbaux à l'effet de constater la nature, les circonstances, le temps, le lieu des délits et contraventions, ainsi que les preuves et les indices qu'ils auront pu recueillir ; ils doivent suivre les choses enlevées dans les lieux où elles auront été transportées, et les mettre en séquestre.

Art. 3.

Ils ne peuvent, néanmoins, s'introduire dans les maisons, ateliers, bâtiments, cours adjacentes et enclos, si ce n'est en présence, soit du juge-de-paix du canton, soit de son suppléant, soit du maire, soit de l'adjoint, soit du commissaire de police de la commune, et leurs procès-verbaux doivent être signés par celui en présence duquel ils auront été faits.

Art. 4.

Ils doivent arrêter et conduire devant le juge-de-paix, ou devant le maire, tout individu surpris en flagrant délit, ou dénoncé par la clameur publique, lorsque ce délit emporte la peine d'emprisonnement ou une peine plus grave.

Art. 5.

Ils se font, pour cet effet, donner main forte par le maire ou par l'adjoint du maire du lieu, qui ne pourra s'y refuser.

Art. 6.

Ils sont sous la surveillance du procureur impérial, sans préjudice de leur subordination à l'égard de leurs supérieurs dans l'administration.

Art. 7.

Les procès-verbaux des gardes-champêtres des communes et ceux des gardes-champêtres ou forestiers des particuliers sont, lorsqu'il s'agit de simple contravention, remis par eux dans les trois jours, au plus tard, au commissaire de police de la commune chef-lieu de la justice-de-paix, ou au maire, dans les communes où il n'y a point de commissaire ; et, lorsqu'il s'agit d'un délit de nature à mériter une peine correctionnelle, la remise en est faite au procureur impérial.

Art. 8.

Si le procès-verbal a pour objet une contravention de police, il est procédé par le maire, ou, à son défaut, par l'adjoint.

Art. 9.

Les gardes-champêtres doivent adresser leurs procès-verbaux au chef-lieu de la justice-de-paix, par l'intermédiaire du garde cantonal; ils font en même temps un rapport sur le contenu de ces procès-verbaux à leur brigadier respectif.

Le brigadier commande les gardes de sa brigade, les surveille, reçoit leurs rapports, leurs demandes, et correspond avec le garde cantonal, son chef immédiat.

Art. 10.

Le garde cantonal a sous ses ordres tous les brigadiers et gardes du canton; il exerce les fonctions du ministère public; il reçoit leurs rapports, les procès-verbaux qu'ils dressent, et suit l'instruction des affaires près du juge-de-paix ou de toute autre autorité, le cas échéant.

Il fait au moins deux tournées par mois dans le canton, et s'assure par lui-même, près de MM. les maires, du zèle, de l'exactitude des gardes-champêtres de leurs communes; il adresse tous les mois, et plus souvent si cela est nécessaire, un rapport détaillé au garde d'arrondissement sur tout le service des gardes de son canton et sur les délits qu'ils ont pu constater.

Art. 11.

Le garde d'arrondissement a sous ses ordres tous les gardes cantonaux, les brigadiers et gardes d'arrondissement: les premiers correspondent directement avec lui et lui font des rapports journaliers sur tout ce qui peut intéresser le service. Il suit au chef-lieu l'instruction des affaires, soit auprès du sous-préfet, du procureur impérial ou de toute autre autorité, s'il y a lieu ; il remet tous les trois mois, et plus souvent si cela est nécessaire, un rapport détaillé au sous-préfet sur la situation du service en général, sur celle du personnel employé sous ses ordres.

Il fait au moins une tournée par mois dans l'arrondissement.

CHAPITRE VIII.

RAPPORTS ENTRE LES FONCTIONS DES GARDES-CHAMPÊTRES ET CELLES DE LA GENDARMERIE.

Art. 1er.

Dans les cas urgents, ou pour des objets importants, les sous-officiers de gendarmerie peuvent mettre en réquisition les brigadiers et gardes-champêtres d'un canton, et les officiers ceux de l'arrondissement, soit pour les seconder dans l'exécution des ordres qu'ils ont reçus, soit pour le maintien de la police et de la tranquillité publique ; mais ils sont tenus de donner avis de cette réquisition aux gardes cantonaux, d'arrondissement, aux sous-préfets, et de leur faire connaître les motifs généraux de leur demande. (Art. 312, *ibid.*)

Art. 2.

Les officiers et sous-officiers de gendarmerie adressent, au besoin, aux maires, pour être remis aux gardes champêtres, le signalement des individus qu'ils ont l'ordre d'arrêter. (Art. 313, *ibid.*)

Art. 3.

Les gardes-champêtres sont tenus d'informer les maires de tout ce qu'ils découvrent de contraire au maintien de l'ordre et de la tranquillité publique ; ils leur donnent avis de tous les délits qui ont été commis dans leurs territoires respectifs. (Art. 314, *ibid.*)

Art. 4.

Les gardes-champêtres qui arrêtent des déserteurs, des hommes évadés des galères, ou autre individus signalés, reçoivent la gratification accordée par les lois à la gendarmerie impériale. (Art. 6, décret du 4 juin 1806.)

Art. 5.

Le montant de la gratification accordée pour chaque arrestation de déserteur est fixé à 25 fr. (Article 1er, décret du 12 janvier 1811.)

Art. 6.

Cette gratification sera avancée par les préfets sur le vu des procès-verbaux. (Article 2, *ibid.*)

Art. 7.

Les sous-préfets, sur l'avis des maires et des gardes d'arrondissement, désignent aux préfets, et ceux-ci à l'administration forestière, ceux des gardes-champêtres de tout grade de leurs arrondissements ou départements respectifs qui, par leur bonne conduite et leurs services, méritent d'être appelés aux fonctions de gardes forestiers. (Art. 7, décret du 11 juin 1806).

www.ingramcontent.com/pod-product-compliance
Ingram Content Group UK Ltd.
Pitfield, Milton Keynes, MK11 3LW, UK
UKHW020521180726
13839UKWH00005B/2237